EXPOSÉ

concis, net et pratique

DE LA

Loi des Retraites

OUVRIÈRES & PAYSANNES

Prix : **20** centimes

ÉDITÉ PAR « **L'ÉCHO DU MIDI** »

NIMES

A L'IMPRIMERIE COOPÉRATIVE « LA LABORIEUSE »

Rue J.-B.-A. Godin, 7

1911

EXPOSÉ

concis, net et pratique

DE LA

Loi des Retraites

OUVRIÈRES & PAYSANNES

PRÉFACE DE M. CL. GIGNOUX

ÉDITÉ PAR « L'ÉCHO DU MIDI »

NIMES

A L'IMPRIMERIE COOPÉRATIVE « LA LABORIEUSE »
Rue J.-B.-A. Godin, 7

1911

LA NOUVELLE LOI

DES

Retraites Ouvrières et Paysannes

PRÉFACE

Voici donc en voie de réalisation, l'une des
Réformes Sociales les plus ardemment dési-
rées, les plus longtemps promises, la plus importante, sans conteste, qui ait été votée
jusqu'à ce jour, si l'on songe que 12 millions
de travailleurs sont appelés à en bénéficier.

De tout temps, l'insécurité de la vieillesse
pour tous les travailleurs de l'industrie, du
commerce et de l'agriculture, pour tous les
serviteurs, pour tous ceux en un mot qui ne
sont pas les agents, employés, ouvriers ou
serviteurs de l'Etat, des départements, des
grandes administrations communales ou publiques, comme les mines, les chemins de fer
et autres qui assurent à leur personnel une
retraite suffisante, de tout temps le sort de
ces infortunés, de beaucoup les plus nom-
breux, a apitoyé l'opinion publique et heurté

le sentiment de justice et d'équité qui se
meut au cœur de tout individu.

On conçoit qu'une telle loi n'ait pu aboutir
aisém nt ; celle qui entre en application le 3
juillet est restée 12 ans en chantier. Elle fut
votée par la dernière législature.

Certes, nul ne peut prétendre qu'elle soit
parfaite. La nécessité de la perfectionner, de
l'amender, s'imposera avant peu. Mais telle
qu'elle est, elle n'en consacre pas moins un
grand principe de solidarité sociale, contre
lequel il n'est pas raisonnable de s'insurger.

On trouve, en effet, parmi les arguments
invoqués contre la loi, tous les arguments
qui ont été opposés aux lois de progrès social, à celle, par exemple, des accidents du
travail de 1908, qui fut aussi vivement criti-
quée, qui eut les mêmes difficultés, mais qui,
déjà perfectionnée, a réalisé un grand progrès en apportant de sérieux avantages aux
victimes des accidents du travail. De même,
la loi sur le repos hebdomadaire, la loi d'assistance de juillet 1905, ont aussi trouvé des
détracteurs. Elles ont apporté tout de même
leurs contingents de bienfaits indéniables.

Faut-il rappeler aussi toutes les protesta-
tions qui s'élevèrent contre la fameuse loi de
1884 sur les syndicats professionnels. Pour les
violents d'alors, elle devait être la mise en
carte de la classe ouvrière. Il suffit de cons-
tater que les violents d'aujourd'hui se font
une arme de cette même loi et sont fort heu-

reux d'essayer de s'appuyer sur des syndicats professionnels pour soulever leurs adhérents contre la loi nouvelle.

Que reproche-t-on à la loi des Retraites ? Elle voit surgir devant elle deux ordres d'opposants D'une part, une catégorie de patrons à courte vue, qui ne voient pas sans terreur, leurs charges s'élever du fait qu'ils auront à verser par an 9 fr. par homme, 6 fr. par femme et 4 fr. 50 par apprenti.

Qu'ils veuillent bien songer que cette charge va peser sur tous les patrons sans exception, et que, par conséquent, le grief qu'elle va rendre encore plus difficiles les exigences de la concurrence n'a aucune valeur. La satisfaction de collaborer à assurer, très faiblement encore, c'est vrai, mais d'assurer tout de même les vieux jours de ceux qui ont collaboré à créer la richesse commune est une compensation qui devrait leur être largement suffisante.

L'opposition la plus sérieuse est celle qui vient de la classe ouvrière, de ceux qui, presque tous, sont appelés à en bénéficer.

Ils lui reprochent d'être un impôt déguisé, que l'âge de la retraite est trop élevé, que la somme allouée est insignifiante, que le versement demandé à l'ouvrier est trop considérable, que le système de la répartition doit être substitué à celui de la capitalisation ; quelques-uns vont jusqu'à dire que c'est une vaste escroquerie.

Pitoyables arguments pour la plupart. Erreur grossière que celle du tout ou rien.

Oui, l'âge de 65 ans est trop reculé ; oui, par an, 10 francs (minimum) à 380 francs (maximum) sont des chiffres insuffisants pour vivre convenablement, après une vie de travail et de probité, mais cela vaut mieux que rien, c'est un commencement, un grand principe social est et demeurera établi.

Sans entrer dans de longs détails en réponse aux autres arguments des adversaires systématiques de la loi, on peut sans crainte avancer qu'il est préférable, qu'il est plus digne de la classe ouvrière de contribuer à l'œuvre de prévoyance dont elle profitera, que 9 francs et 6 francs par an ne sont point exagérés, que si difficiles, si dures, que soient les conditions de l'existence, on ne peut sérieusement prétendre que cette contribution l'appauvrira davantage. Les ouvriers seront d'autant mieux armés, pour revendiquer des améliorations, qu'ils auront contribué et de leurs versements et des produits de leur travail, à assurer leurs vieux jours.

Quant à l'argument d'escroquerie, ne le retenons pas ; il n'a que la valeur d'un boniment de tréteau trop facile à servir aux masses simplistes et crédules et de s'assurer un facile succès de réunion publique. En 30 ans, un ouvrier aura exactement versé 270 fr., il touchera 241 fr. 70 par an, s'il vit à 65 ans, et n'aura pas à vivre bien longtemps pour être intégralement remboursé.

S'il décédait avant l'âge de 65 ans, ses versements et même davantage seraient remboursés soit à ses enfants, soit à sa veuve.

Où est l'escroquerie ?

Nous croyons donc faire œuvre utile de vulgarisation et de simplification, en donnant non pas la reproductiou intégrale de tous les articles de la loi et des règlements d'administration qui la régissent, dans lesquels on se perdrait sans intérêt, mais en en extrayant les parties essentielles qui la caractérisent et que les intéressés ont seulement à connaître.

Pour conclure, ne craignons pas de conseiller à tous, ouvriers et patrons, de favoriser et d'aider à l'application de loi.

Que les intéressés n'hésitent pas à réclamer et à remplir les Bulletins de renseignements.

Une grande loi de solidarité sociale est acquise. Ne faisons pas la sottise d'en compromettre le fonctionnement. Faisons tout pour en assurer les faibles bienfaits. A demain appartiendra le soin de la perfectionner. C'est une œuvre et un devoir auxquels nous ne manquerons pas.

CLAUDE GIGNOUX.

CONSIDÉRATIONS GÉNÉRALES

Le projet des retraites de vieillesse, agité depuis plus de trente ans, est sur le point d'être réalisé puisque, le 3 juillet prochain, la loi des retraites ouvrières et paysannes, promulguée le 5 avril 1910, entrera en vigueur.

Mais la nouvelle loi, outre qu'elle est très complexe et d'un mécanisme particulièrement délicat, est en outre une œuvre incomplète, ainsi qu'en ont convenu les législateurs eux-mêmes, au moment du vote définitif au Parlement. Le texte copieux de la loi se borne à poser des principes, laissant aux services chargés d'assurer le fonctionnement des retraites ouvrières et paysannes le soin de résoudre toutes les difficultés pratiques d'application, à l'aide d'un règlement d'administration publique général.

Les services intéressés, les groupements d'œuvres de mutualité ont reçu de nombreuses instructions, circulaires et documents. Mais il n'est pas aisé de se guider au milieu de ce labyrinthe. Nous allons essayer d'exposer à la fois la loi théorique et son application pratique, pour indiquer aux intéressés, — et les intéressés sont la grande majorité des Français — quels sont leurs droits et leurs obligations.

La loi, en effet, s'adresse à la grande majorité des Français. Si de la population totale de la France et de ses colonies on distrait le nombre des vieillards et invalides déjà assistés, des retraités actuels et des enfants, il reste encore 25 millions de personnes intéressées à cette réforme. Assurément, les rentiers, les privilégiés qui touchent de forts émoluments, quelle qu'en soit la source, se soucient assez peu de s'assurer pour leurs vieux jours une retraite d'Etat d'un ou quelques cents francs par an. Mais, comme les rentiers et les gens fortunés ont à leur service ou à leur aide des employés, des domestiques, des serviteurs à gage, ils ont, eux aussi, pour ces co·laborateurs, des obligations que leur impose la nouvelle loi. C'est donc à la très grande majorité des Français que s'adresse la loi récemment promulguée et que nous allons essayer d'expo·er avec plus de concision, plus de clarté et plus d'ordre que les 42 longs articles de la loi et des 201 articles du texte réglementaire qui la complète.

. Deux observations capitales s'imposent primordialement :

1° La loi fait tout d'abord une distinction que nous allons expliquer entre les *salariés* pour lesquels l'assurance à la retraite est *obligatoires*, les *non-salariés* pour lesquels elle est *facültative*.

2° A côté des dispositions s'appliquant à *tout* assuré et instituant le droit comm..n, *le régime permanent*, il y a des dispositions à portée plus limitée qui, s'appliquant seulement à ceux des assurés qui ont, à la date de la mise en vigueur de la loi, plus de 44 ans et se trouveront, en raison même de leur âge, dans l'impossibilité de remplir les conditions imposées à tous, forment un droit spécial, exceptionnel, qu'on a appelé *le régime transitoire*.

LES ASSURÉS OBLIGATOIRES

Tout ouvrier ou employé des deux sexes qui reçoit une rétribution de ceux qui l'emploient est un *salarié*.

Qu'ils appartiennent à l'industrie, au commerce, à l'agriculture, aux professions libérales, qu'ils soient serviteurs à gages ou au service de l'Etat, des départements ou des communes (à l'exception ce ceux qui sont placés sous le régime des pensions civiles et militaires), qu'ils travaillent chez un patron ou chez eux, qu'ils soient payés au temps ou aux pièces, qu'ils n'aient qu'un patron ou qu'ils en aient plusieurs, *tous les salariés ne gagnant pas au-delà de 3.000 fr. par an* ont la qualité *d'assurés obligatoires* et ont droit à une retraite de vieillesse à l'âge de 65 ans, limite d'âge qui sera probablement avancée avant peu à 60 ans, et, dans certains cas que nous examiner ns, à 55 ans. Les salariés qui gagnent plus de 3.000 fr. feront partie de la catégorie des assurés *facultatifs*.

La retraite *obligatoire* ne peut pas être instituée pour ceux qui, le 3 juillet 1911, auront atteint l'âge de 65 ans et qui, alors, ne peuvent profiter que de l'Assistance aux vieillards, infirmes et incurables.

Formalités et obligations pour les assurés obligatoires.

Les conditions dans lesquelles la liste des assurés obligatoires doit être dressée dans chaque commune sont déterminées par le règlement d'administration publique du 25 mars 1911. La Commission chargée de dresser cette liste doit être composée du Maire et de deux membres du Conseil Municipal choisis, l'un parmi les employeurs, l'autre parmi les salariés. La liste provisoire des assurés obligatoires devra tous les ans, à partir de cette année 1911, être arrêtée par la dite commission dans la première quinzaine d'avril. Du 16 au 30 avril, cette liste sera déposée au secrétariat de la mairie.

Dans la seconde quinzaine d'avril, chaque salarié, assuré obligatoire, recevra de la mairie de la commune, ou devra l'y réclamer, un bulletin où il inscrira ses nom et prénoms, date de naissance, nationalité, profession et adresse. Il indiquera (sauf l'exception qui sera mentionnée plus loin) la caisse d'assurance qu'il aura choisie. Il déposera son bulletin à la mairie dans un délai de huitaine.

Le Maire devra adresser au Préfet, avant le 8 mai, la liste rectifiée Cette liste est tenue à la disposition des assurés au secrétariat de la mairie dans la première quinzaine de juin. Les assurés qui auraient des réclamaticns à présenter au sujet de cette liste, pourront les faire valoir devant le juge de paix.

Dans le courant de juin 1911, l'assuré recevra deux cartes. L'une sera sa carte d'idendité, qui reproduira les indications contenues sur le bulletin et que l'assuré devra toujours conserver. L'autre carte, annuellement renouvelée, sera divisée en cases, destinées à recevoir les timbres représentant les versements du salarié et et de son patron.

Cotisations des assurés obligatoires

Tout salarié, assuré obligatoire, devra verser :

Hommes : o fr. 03 par jour, ou o fr. 75 par mois ou 9 fr. par an.

Femmes : o fr. 02 par jour, ou o fr. 50 par mois, ou 6 fr. par an.

Mineurs au-dessous de 18 ans : o fr. 015 par jour, ou o fr. 375 par mois, ou 4 fr. 50 par an.

Le patron doit verser une somme égale à celle versée par son salarié.

L'état ajoute aux pensions que se sont acquises les assurés, des allocations différentes, suivant que l'assuré ne sera pas âgé de plus de 35 ans au 3 juillet 1911 ou aura dépassé cet âge.

En payant le salaire, le patron retient la somme correspondante à la cotisation de l'assuré. Il y ajoute une somme égale qui constitue sa contribution personnelle et colle sur la carte annuelle que doit lui présenter l'assuré, un *timbre-retraite* représentant le total de ces deux sommes. Ces timbres sont en vente dans les bureaux de poste, recettes buralistes et bureaux de tabacs.

Si l'assuré fait partie d'une société de secours mutuels autorisée à encaisser les cotisations, ou s'il possède un livret de la caisse d'épargne, il peut faire ses versements à sa société ou par l'intermédiaire de la caisse d'épargne. Le salarié n'aura plus alors à subir de retenue sur son salaire, mais l'employeur devra, à chaque paye, veiller à ce que sa contribution patronale soit représentée sur le carnet par des timbres.

En dehors des versements obligatoires, les salariés pourront effectuer, dans le but de se constituer une retraite plus élevée, des versements facultatifs. La loi mentionne simplement cette faculté sans limiter à un chiffre maximum ou minimum les dits versements.

Les versements des salariés sont faits à capital aliéné. Toutefois, si les salariés sont majeurs, ils peuvent faire leurs versements à capital réservé. Ce système a l'avantage qu'en cas de décès de l'assuré avant la liquidation de la retraite, les versements qu'il a effectués à capital réservé sont remboursés à ses ayant-droits. Mais le taux de la retraite est sensiblement inférieur à ce qu'elle serait si les versements avaient été faits à capital aliéné.

La contribution patronale, égale à celle du salarié, est *exclusivement à la charge de l'employeur, toute contravention contraire étant nulle de plein droit*. Mais les patrons ne sont tenus qu'à ces versements obligatoires et si les salariés, dans le but de se constituer une retraite plus élevée, ajoutent des versements facultatifs, le patron n'est pas tenu à faire ces versements supplémentaires.

Aux versements des salariés et des patrons, s'ajoute, pour constituer la retraite, l'allocation viagère de l'Etat. Cette allocation ne pourra être obtenue par les salariés naturalisés français que s'ils ont été naturalisés français avant l'âge de 50 ans.

Les conditions d'attribution et le taux de l'allocation de l'Etat diffèrent selon qu'il s'agit :

1º Des assurés de la *période normale*, c'est-à-dire de ceux qui n'auront pas 35 ans accomplis lors de la mise en vigueur de la loi le 3 juillet 1911 ;

2· Des assurés de la *période transitoire*, c'est-à dire de ceux qui auront 35 ans accomplis le 3 juillet 1911.

PÉRIODE NORMALE. — Pour les assurés de la période normale, l'allocation viagère de l'Etat est fixée à 60 francs à l'âge de 65 ans. Ces 60 francs s'ajoutent au produit des versements. Le système adopté pour le versement de cette allocation est le suivant :

Quand les assurés de la période normale arriveront à l'âge de 65 ans, l'Etat versera à leur compte, à capital aliéné, à la Caisse Nationale des Retraites, la somme nécessaire pour permettre à cette Caisse de leur verser jusqu'à leur mort une allocation annuelle de 60 francs, et cette somme versée par l'Etat sera de 558 fr. 14, en calculant d'après les tables de mortalité de la Caisse Nationale des Retraites et d'après le taux d'intérêt annuel de 3 %.

Pour que le salarié bénéficie de cette allocation de

6o francs de l'Etat, il faut que pendant 3o ans il ait versé 9 francs, soit 3o × 9 = 270 francs.

Les deux années passées sous les drapeaux, pendant lesquels les salariés n'auront fait aucun versement, compteront pour deux années de versement.

D'autre part si le salarié, victime des jours de chômage, ou pour toute autre cause, n'avait pas fait régulièrement ses versements obligatoires, il a la ressource de faire, dans les périodes plus lucratives pour lui, des versements facultatifs qui combleront le manquant. Si ce manquant n'est pas complètement comblé, l'allocation de l'Etat sera l'objet d'une réduction proportionnelle.

L'allocation viagère de l'Etat sera calculée d'après le nombre d'années pendant lesquelles l'assuré aura versé, à la condition cependant que le nombre des versements annuels soit de quinze ans au moins.

PÉRIODE TRANSITOIRE. — Les salariés ayant plus de 35 ans au 3 juillet 1911 ne pouvant faire les 30 versements annuels prévus par la loi, l'Etat leur accorde des avantages spéciaux qui constituent la période transitoire. Ces avantages varient suivant l'âge des salariés au 3 juillet 1911.

1° Assurés de la période transitoire ayant de 35 à 45 ans au 3 juillet 1911. — Tous ceux de ces salariés qui justifieront que dans les trois années précédant le 3 juillet 1911, ils ont appartenu à la catégorie des salariés, recevront à 65 ans l'allocation viagère de 6o francs par an, s'ils ont versé chaque année, depuis la mise en application de la loi, et jusqu'à l'âge de 65 ans, la cotisation réglementaire.

Si le montant des versements annuels effectués n'atteint pas, y compris les versements facultatifs de l'assuré, le total des versements annuels fixés par la loi, l'allocation de l'Etat sera proportionnellement réduite.

2° Assurés de la période transitoire ayant de 45 à

65 ans au 3 juillet 1911.— Ces assurés, s'ils ont effectués leurs versements normaux, recevront à 65 ans, outre l'allocation de 60 francs, une bonification spéciale dont le taux s'élève suivant que l'assuré s'approche davantage de 65 ans.

3° Régime spécial des salariés âgés de 65 à 70 ans au 3 juillet 1911. — Ces salariés, qui ne peuvent bénéficier avant 70 ans de la loi d'assistance aux vieillards, infirmes et incurables, pourront, s'ils sont reconnus admissibles aux allocations d'assistance, bénéficier d'une allocation qui ne pourra être supérieure à 100 francs par an. Cette allocation sera exclusivement à la charge de l'Etat.

Assurés facultatifs

La retraite d'Etat cesse d'être obligatoire et est seulement facultative pour les fermiers, métayers, travailleurs libres, artisans, petits patrons et les salariés dont le salaire annuel est supérieur à 3,000 fr. sans excéder 5,000 francs.

Dans cette catégorie des assurés facultatifs, il faut distinguer :

A. — Les assurés facultatifs jouissant, en période transitoire, des avantages accordés aux assurés obligatoires.

B. — Les assurés facultatifs profitant des avantages de la période transitoire accordés aux assurés facultatifs.

C.— Les assurés facultatifs ne profitant pas d'avantages pour la période transitoire.

Examinons successivement la situation de ces trois espèces d'assurés désignés par A, B, C.

A. — Cette catégorie comprend : 1° Les *métayers*

qui, en dehors des membres de leur famille travaillant et *habitant* avec eux, n'emploient pas habituellement plus d'un ouvrier; 2° les *fermiers* qui paient moins de 600 francs de fermage total et qui, en dehors des membres de leur famille travaillant et habitant avec eux, n'emploient pas habituellement plus d'un ouvrier.

1° *Les métayers*. — La retraite facultative du métayer est constituée par ses versements personnels (6 francs par an minimum, 18 francs maximum); par les versements des propriétaires dont ils exploitent les biens (versement égal à celui du métayer, mais d'un maximum de 9 francs); par une majoration des versements allouée chaque année sur les fonds d'Etat.

Les métayers qui auront plus de 40 ans le 3 juillet 1911, bénéficieront en outre d'une bonification de l'Etat.

2° *Les fermiers* payant moins de 600 francs de fermage. — La retraite de ces fermiers sera constituée par leurs versements annuels (9 francs par an au moins, 18 francs au plus) et par une majoration des versements allouée chaque année sur les fonds de l'Etat. Ceux qui auront plus de 40 ans le 3 juillet 1911 bénéficieront encore d'une bonification de l'Etat.

Comme pour tous les assurés facultatifs, l'âge d'entrer en jouissance de la retraite est 65 ans, sans liquidation anticipée à 55 ans, sauf le cas où ils seraient atteints de blessures ou infirmités entraînant une incapacité permanente de travail. Dans ce cas, leur retraite peut être anticipée, s'ils ont effectué leurs versements normaux.

En cas de décès de l'assuré avant l'âge de la retraite, l'Etat verse aux enfants des secours de 50 fr. pendant six mois s'il y a trois enfants, 50 fr. pendant cinq mois s'il y en a deux, 50 fr. pendant quatre mois s'il y en a un. La veuve sans enfant de moins de seize ans reçoit un secours de 50 fr. par mois pendant trois mois.

B. — Cette catégorie comprend : Les *fermiers* payant plus de 600 francs de fermage total ; 2° les *cultivateurs* ; 3° les *artisans* ; 4° les *petits patrons* — tous ceux qui, en dehors des membres de leur famille *habitant avec eux*, n'emploient pas habituellement plus d'un ouvrier.

La retraite de ces assurés est constituée par deux éléments : leurs versements personnels (9 fr par an, 18 fr. au plus) et une majoration de versements allouée chaque année sur les fonds de l'Etat. L'Etat accorde en outre une bonification à ceux qui auront plus de 40 ans le 3 juillet 1911.

L'anticipation de la retraite est accordée en cas d'incapacité absolue de travail provenant de blessures ou infirmités, à la condition que l'assuré ait fait normalement des versements de 18 francs par an.

C. — Cette catégorie comprend : 1° les *salariés* dont la rémunération annuelle dépasse 3,000 francs, mais n'atteint pas 5,000 francs ; 2° les *membres non salariés de la famille des métayers, fermiers, cultivateurs, artisans* et *petits patrons* qui travaillent et habitent avec eux, si les métayers, fermiers, cultivateurs, artisans et patrons n'emploient pas *habituellement* en dehors d'eux plusieurs ouvriers ; 3° les *femmes* et les *veuves non salariées* des assurés obligatoires et des assurés facultatifs.

Pour les bénéficiaires de la catégorie ci-dessus désignée, le mode de constitution de la retraite est très simple. Ils versent chaque année, à capital réservé ou aliéné, 9 fr. minimum, 18 fr. maximum. L'Etat majore leurs versements dans la proportion d'un tiers, jusqu'à ce qu'il leur ait assuré à 65 ans une rente viagère de 60 fr. Et c'est la rente produite par leurs versements ainsi majorés (calculés d'après les tables de mortalité établies et le taux du placement) qui représente la retraite ou vieillesse. Aucun avantage particulier n'est accordé pour la période transitoire et l'Etat ne consent aucune bonification.

Jouissance de la Pension de Retraite

Tout assuré âgé de 65 ans qui a fait normalement les versements prévus par la loi, a droit à sa pension de retraite.

Incessibles et insaisissables sont les retraites acquises par l'assuré.

Pour toucher sa pension. — Pour obtenir la liquidation de sa pension de retraite, l'assuré doit faire sa demande, sur une formule spéciale, à la mairie de sa résidence et produire sa carte d'identité, sa dernière carte annuelle et un extrait de son acte de naissance. Sa pension est payée trimestriellement par les soins de la Caisse d'assurance à laquelle il a adhéré.

On peut toucher sa retraite à 55 ans. — L'assuré peut demander à jouir de sa pension de retraite à 55 ans. Toute pension demandée par anticipation sera naturellement plus faible que celle obtenue à 65 ans. De même les avantages accordés par l'Etat seront moins importants.

Assurés atteints d'invalidités. — Lorsqu'un assuré, en dehors du cas d'accident du travail, sera atteint d'infirmités entraînant une incapacité absolue de travail, il pourra, quel que soit son âge, demander la liquidation anticipée de sa pension. Il fera dans ce cas à la Mairie de sa commune une demande qui sera examinée par une Commission spéciale instituée auprès du Ministre du Travail. Si la demande est reconnue fondée, la pension est liquidée sans pouvoir dépasser 360 francs.

Si un assuré est victime d'un accident de travail, il reçoit la pension allouée par application de la loi sur les accidents du travail, et il pourra demander la liquidation de sa pension de retraite à partir de 55 ans.

Assurés décédés avant la liquidation de leur pension de retraite. — Si un assuré décède avant d'être pourvu d'une pension de retraite, il est alloué :

A ses enfants âgés de moins de 16 ans :

S'ils sont au nombre de trois ou plus, *50 francs par mois pendant six mois* ;

S'ils sont au nombre de deux, *50 francs par mois pendant cinq mois* ;

S'il n'y en a qu'un, *50 francs par mois pendant quatre mois* ;

A sa veuve sans enfants de moins de 16 ans, *50 fr. par mois pendant trois mois.*

La demande de secours doit être adressée à la Mairie de la commune de la résidence de l'assuré ou de ses ayants-droits. Elle doit être appuyée d'un bulletin de décès, d'un certificat du Maire de la résidence de l'assuré, de sa carte d'identité et de sa carte annuelle en cours. L'allocation n'est acquise aux ayants-droits que si l'assuré a effectué les trois cinquièmes de ses versements obligatoires.

Les retraités travaillant encore ne font plus de versements personnels. — Un assuré qui a obtenu sa pension de retraite et qui continue à travailler est dispensé des versements. Les contributions patronales, qui continuent à être dues, sont versées à la fin de chaque mois à la Caisse du percepteur ; elles sont portées au fonds de réserve. Il est procédé de même en ce qui concerne les salariés non encore retraités, mais qui ont formulé une demande de liquidation de retraite.

Réserve ou aliénation du capital. — La retraite peut être constituée à capital aliéné ou à capital réservé selon le choix fait par l'assuré.

Lorsque la retraite est dite « à capital aliéné », la famille de l'assuré ne peut pretendre, lors de son décès, au remboursement des cotisations versées.

Lorsque la retraite est constituée à capital réservé, la somme des cotisations versées par l'assuré est,

à son décès, remboursée à ses héritiers, sans inté-
rêts.

Seul le capital constitué par les versements ouvriers peut être réservé. Les contributions patronales sont, de droit, versées à capital aliéné.

*Lorsque l'assuré demandera la réserve de son capi-
tal, sa pension sera naturellement inférieure à celle
qu'il aurait obtenue avec les mêmes versements faits à
capital aliéné.*

Exemple : Un assuré homme ayant reçu sur son
compte 18 francs par an, à partir de 19 ans et jusqu'à 65 ans, à capital aliéné, recevra une rente annuelle de 286 fr. 04, non compris l'allocation viagère de l'Etat.

Si le même assuré a voulu réserver chaque année
les 9 francs de sa cotisation, sa rente ne sera à 65
ans que de 223 fr. 71, non compris l'allocation viagère de l'Etat, et s'il décéde après 65 ans, ses héritiers toucheront un capital de 405 francs.

*Tableau de la rente qui pourra être acquise par
les assujettis à 65 ans, suivant l'âge auquel ils auront effectué leur premier versement.*

PÉRIODE NORMALE

Age du premier versement	Rente totale Hommes	Femmes
13 ans aura une pension totale de..	393 87	314 94
14 » » » ..	385 19	306 27
15 » » » ..	376 81	297 88
16 » » » ..	368 70	289 77
17 » » » ..	360 88	281 95
18 » » » ..	353 33	274 40
19 » » » ..	346 04	267 12
20 » » » ..	332 00	257 76
21 » » » ..	318 48	248 74

				Hommes		Femmes	
22	} années de service militaire obligatoire			..	3o5 45	24o o5
23	}			..	3o5 45	231 69
24	»	»	»	.	3o5 45	223 63
25	»	»	»	..	293 81	215 57
26	»	»	»	..	282 6o	2o8 4o
27	»	»	»	..	271 8o	2o1 2o
28	»	»	»	..	261 4o	194 27
29	»	»	»	..	251 37	187 58
3o	»	»	»	..	241 71	181 14
31	»	»	»	..	232 4o	174 93
32	»	»	»	..	223 43	168 95
33	»	»	»	..	214 78	163 19
34	»	»	»	..	2o6 45	157 63
35	»	»	»	..	198 42	152 28

PÉRIODE TRANSITOIRE

A. — De 35 à 45 ans

Age du premier versement	Rente totale Hommes	Femmes
36 ans aura une pension totale de..	190 69	147 13
37 » » » ..	183 25	142 16
38 » » » ..	176 o7	137 38
39 » » » ..	169 17	132 78
4o » » » ..	162 52	128 34
41 » » » ..	156 12	124 o8
42 » » » ..	149 96	119 97
43 » » » ..	144 o3	116 o2
44 » » » ..	138 34	112 23

B. — De 45 à 65 ans

Age du premier versement	Rente totale Hommes	Femmes
46 ans aura une pension totale de..	129 6o	1o7 o7
47 » » » ..	126 55	1o5 7o
48 » » » ..	123 7o	1o4 46

49 ans aura une pension totale de..	121 04	103 36
50 » » » ..	118 57	102 38
51 » » » ..	116 30	101 53
52 » » » ..	114 20	100 80
53 » » » ..	112 29	100 19
54 » » » ..	110 56	99 70
55 » » » ..	108 99	99 33
56 » » » ..	107 60	99 07
57 » » » ..	106 37	98 91
58 » » » ..	105 30	98 87
59 » » » ..	104 39	98 92
60 » » » ..	103 62	99 08
61 » » » ..	103 01	99 34
62 » » » ..	102 53	96 69
63 » » » ..	102 20	100 13
64 » » » ..	102 00	100 67
65 » » » ..	101 93	101 29

ASSURÉS FACULTATIFS. — PÉRIODE NORMALE

Rente acquise par un versement annuel de 9 francs

	Fr.
26 ans aura à 65 ans une rente totale de...	148 40
27 » » ...	141 20
28 » » ...	134 27
29 » » ...	127 59
30 » » ...	121 13
31 » » ...	114 93
32 » » ...	108 95
33 » » ...	103 19
34 » » ...	97 63
35 » » ...	92 28
36 » » ...	87 13
37 » » ...	82 16
38 » » ...	77 39
39 » » ...	72 77
40 » » ...	68 35

Rente acquise par un versement annuel de 12 francs

			Fr.	
26 ans aura à 65 ans une rente totale de...			197	87
27	»	»	... 188	27
28	»	»	... 179	03
29	»	»	... 170	11
30	»	»	... 161	52
31	»	»	... 153	24
32	»	»	... 145	27
33	»	»	... 137	59
34	»	»	... 130	17
35	»	»	... 123	04
36	»	»	... 116	17
37	»	)>	... 109	55
38	»	»	... 103	17
39	»	»	... 97	04
40	»	»	... 91	12

Rente acquise par un versement annuel de 18 francs

			Fr.	
26 ans aura à 65 ans une rente totale de...			282	60
27	»	»	... 271	80
28	»	»	... 261	40
29	»	»	... 251	37
30	»	»	... 241	71
31	»	»	... 229	87
32	»	»	... 217	91
33	»	»	... 206	37
34	»	»	... 195	27
35	»	»	... 184	56
36	»	»	... 174	25
37	»	»	... 164	33
38	»	»	... 154	76
39	»	»	... 145	56
40	»	»	... 136	99

PÉRIODE TRANSITOIRE

Rente acquise par un versement annuel de 9 francs

				Fr.
41 ans aura à 65 ans une rente totale de...				67 28
42	»	»	...	66 25
43	»	»	...	65 27
44	»	»	...	64 32
45	»	»	...	63 40
46	»	»	...	62 53
47	»	»	...	61 67
48	»	»	...	60 88
49	»	»	...	60 16
50	»	»	...	59 36
51	»	»	...	58 66
52	»	»	...	57 94
53	»	»	...	57 31
54	»	»	...	56 69
55	»	»	...	56 09
56	»	»	...	55 53
57	»	»	...	54 99
58	»	»	...	54 48
59	»	»	...	53 98
60	»	»	...	53 53
61	»	»	...	53 09
62	»	»	...	52 68
63	»	»	...	52 29
64	»	»	...	51 58
65	»	»	...	51 58

Renseignements divers

Changement de résidence. — Lorsqu'on a suré change de commune, il doit faire sa demande d'inscription dans sa nouvelle commune en faisant connaître sa résidence antérieure.

Dans une grande ville, l'assuré qui change de domicile et de quartier doit en aviser également le maire de sa commune.

Perte de la carte. — Dans le cas où la carte annuelle serait perdue ou détruite, l'assuré peut en obtenir un duplicata en produisant sa carte d'identité.

Employés à temps et femmes de ménages. — Le salarié qui travaille pour plusieurs patrons dans la même journée (les femmes de ménage par exemple) fera un versement fixé à un pour cent de son salaire et chacun de ses patrons verse une somme égale. Dans le calcul de chacune de ces cotisations, il n'est pas fait état des fractions qui n'atteignent pas un demi-centime ; toute fraction égale ou supérieure à ce chiffre est comptée pour un centime. Le versement de l'assuré et la contribution patronale ne peuvent être supérieurs au taux visé par la loi.

Choix de la Caisse d'assurance. — Lorsqu'un assuré ne choisit pas de Caisse, il est inscrit d'office à la Caisse nationale des retraites pour la vieillesse.

Mais chaque assuré peut choisir librement sa Caisse ; et même en changer au cours de son assurance, en désignant la Caisse de son choix parmi les Caisses autorisées, savoir :

La Caisse nationale des retraites pour la vieillesse, les Caisses départementales et régionales qui pourront être instituées par l'Etat, les Sociétés de secours mutuels autorisées par l'Etat, les Caisses syndicales patronales et ouvrières, les Caisses de syndicats de garantie solidaire également autorisées.

Les Retraites ouvrières et paysannes et la Mutualité.

Pour que ce résumé, que nous nous sommes efforcés de faire aussi simple et complet que possible, soit pour les assujettis comme un véritable Guide, voici, sommairement indiqués, les rapports que la loi de 1910 établit entre elle et les Sociétés de secours mutuels.

Les Sociétés de secours mutuels, les Unions de Sociétés de secours mutuels, locales, départementales ou régionales, les Caisses patronales ou syndicales de retraites, les Caisses de syndicats de garantie, les Caisses de retraites de syndicats professionnels fonctionnant dans les conditions de la loi du 1er avril 1898, ont la faculté d'effectuer l'encaissement des cotisations de retraites de leurs membres, et même d'assurer elles-mêmes leurs retraites

Les Sociétés qui voudront devenir collectrices devront adresser au Préfet de leur département une demande signée du président.

Cette demande devra être accompagnée :

1° D'un extrait de la délibération de l'Assemblée générale par laquelle la Société ou l'Union de sociétés a déclaré vouloir se charger de l'encaissement des versements obligatoires ou facultatifs de ceux de ses adhérents qui le demanderaient ;

2° Des statuts de la Société ;

3° Du règlement intérieur adopté par l'Assemblée générale pour le service de l'encaissement ;

4° Des comptes des trois dernières années.

Le Ministre du Travail et le Ministre des Finances statuent dans le délai de trois mois, à partir de la date de l'arrivée de ces pièces à la Préfecture.

Si, dans ce délai, la Société n'a pas reçu notifica-

tion de la décision des ministres, elle peut considé-
rer sa demande comme rejetée et se pourvoir devant le Conseil d'Etat.

Les Sociétés qui encaisseront la cotisation de leurs
membres bénéficieront des allocations suivantes :

Cinq pour cent des sommes encaissées, soit pour
une cotisation de 9 francs par an........   o fr. 45

Un franc par assuré et par an représen-
tant les frais de gestion de la retraite....   1   oo

Une subvention annuelle de un franc cin-
quante affectée au dégrèvement de pareille
somme sur la cotisation maladie de cha-
que assuré mutualiste....................   1   5o

Total....   2 fr. 95

Mais la totalité de ces avantages ne sera acquise à
la Société que si la gestion de la retraite est effec-
tuée par la Mutualité.

En ce cas, la Société devra joindre aux pièces
énumérées d'autre part, une cinquième :

La liste, certifiée par le président et par le tréso-
rier, contenant les noms, prénoms et adresses de
ceux de ses sociétaires qui, placés sous le régime des
articles 1er ou 36 de la loi du 5 avril 1910, demandent
l'ouverture à la Société de leur compte individuel.

Le nombre des sociétaires portés sur cette liste ne
peut être inférieur à 2.000.

On voit que cette disposition ne permet qu'aux
sociétés nombreuses et importantes de jouir de tous
les avantages de la loi. Mais les petites, pour en
bénéficier, n'ont, qu'à se grouper aux Unions de sociétés de secours mutuels, à en fonder où il n'en
existe pas et elles seront ainsi dans les conditions
voulues par le décret du 15 mars 1911.

Les assujettis à la loi qui font partie d'une société
de secours mutuels et qui entendent charger leur société de l'encaissement de leur cotisation de retraites,

doivent adresser une déclaration dans ce sens au président de leur société.

Enfin, disons que les mutualistes qui appartiennent à des sociétés de secours mutuels ou Caisse de retraites qui fonctionnent dans les conditions de la loi du 1er avril 1898 pourront bénéficier à la fois de la pension de retraite acquise à leur société et de celle constituée par la loi du 5 avril 1910.

Les sociétés de secours mutuels ont le devoir impérieux de réunir spécialement tous leurs adhérents, de leur expliquer le fonctionnement de la loi, de recueillir leur adhésion au versement de leur cotisation à leur société.

Elles peuvent et doivent jouer auprès de leurs membres un rôle d'éducation et de persuation, qui donnera à la Mutualité une place prépondérante dans la mise en œuvre de cette loi importante entre toutes.

CONCLUSIONS

Au fur et à mesure que nous nous rapprochons de la date fixée pour l'application de la loi des retraites, l'opposition s'atténue, et le nombre d'inscriptions augmente dans des proportions considérables.

La classe ouvrière se rend compte qu'elle jouerait gros jeu et qu'elle perdrait trop en boudant systématiquement.

Dans un pays comme le nôtre, où un très grand nombre de petits emplois maigrement rétribués comme ceux de cantonniers, de facteurs, de douaniers, de gendarmes, d'hommes d'équipe dans les compagnies de chemins de fer, sont l'objet d'un nombre considérable de demandes, tout simplement, parce que l'on y a la certitude d'une petite retraite, il était puéril de prétendre que les travailleurs n'en voulaient à aucun prix.

Est-ce que, jusqu'à maintenant, la retraite pour les vieux travailleurs n'était pas la partie essentielle des programmes de tous les partis et de tous les candidats ?

Quelles belles périodes l'on pouvait faire en invoquant les vieux travailleurs usés par leur labeur et obligés, atteints par la vieillesse, de tendre la main ! C'était touchant et d'un effet sûr.

On voulait, on réclamait, on exigeait une retraite. La voici maintenant, et l'on voudrait nous faire croire que les travailleurs n'en voulaient plus !

C'était inadmissible.

La loi est là. Prenons-la telle qu'elle est. La refuser sous prétexte qu'elle est insuffisante ce serait faire le geste ridicule du malheureux qui n'aurait pas mangé depuis plusieurs jours et qui refuserait un repas sous prétexte qu'il ne comporterait pas de poulet.

Il mangerait d'abord, quitte à réclamer le poulet ensuite.

Ainsi des retraites En voyant inscrire les plus avisés, petit à petit chacun vient grossir leur nombre. Dans quelques mois lorsque les premiers bénéficiaires toucheront leur pension, c'est à qui sera trop heureux de verser.

La meilleure preuve du reste, que le plus grand nombre de ceux qui semblaient ne pas vouloir se faire inscrire se laissaient intimider, c'est que, dans toutes les réunions publiques où des orateurs n'ont point craint de s'opposer avec énergie aux opposants, leurs arguments en ont eu facilement raison, et des auditoires entiers sont immédiatement revenus à la logique et au bon sens.

C'est ainsi, pour ne citer qu'un exemple, qu'à

un de ces adversaires des retraites qui préten-
dait qu'aucun ouvrier n'arrivait à 65 ans, il fut
facile de repondre — tables de Deparcieux,
déjà anciennes pourtant, en mains — que la
proportion de ceux qui atteignent 65 ans est
de 52 o|o. Il est permis de penser qu'aujour-
d'hui, avec les progrès de l'hygiène, cette
proportion est plutôt dépassée.

Reportons nous, pour terminer, à la parole
du Ministre du Travail et de la Prévoyance
Sociale, qui a mis un point d'honneur à assurer pour la date convenue l'application de la
loi :

« Quelle fonctionne et le Parlement, en pos-
» session des listes d'assurés, des tables de
» mortalité par profession, pourra, s'il le juge
» à propos, modifier l'âge de la retraite ou ap-
» porter toute modification dont l'urgence lui
» aura été démontrée. »

Il y a là comme une promesse à laquelle
tous les Français doivent faire le plus large
crédit.

TABLE DES MATIÈRES

Imp. Coopérative LA LABORIEUSE, r. J.-B.-A. Godin, 7, Nîmes. — Cl. GIGNOUX, dir.

POUR SAUVER vos CHEVEUX

Et les préserver de toutes Maladies. Pour acquérir une superbe Chevelure, la fortifier, l'assainir et l'embellir, faites un usage régulier du Merveilleux

Pétrole Hahn

La Lotion idéale universellement connue ; souveraine pour l'hygiène de la tête et des cheveux, pour fortifier, développer et assainir la chevelure des jeunes enfants.

FLACON 2 50, 4 et 10 fr.

Le PÉTROLE HAHN est en vente partout

Exiger sur chaque flacon la signature **C. HAHN**, pharmacien-chimiste, avec le timbre de garantie de l'Union des Fabricants Français.

Refuser surtout les Imitations et Contrefaçons

VENTE EN GROS :

F. VIBERT

Lauréat de chimie, Fabrt, 89, avenue Berthelot, LYON

Flacon d'essai par poste contre 1 fr. 20 en timbres